PROJET

DE CONSTITUTION

SOUMIS

A LA COMMISSION SPÉCIALE DE L'ASSEMBLÉE NATIONALE CONSTITUANTE,

PAR

le citoyen M.in JOUAUST,

Président du tribunal civil de Rennes, Membre du conseil
général d'Ille-et-Vilaine.

RENNES,

Imprimerie de J.-M. VATAR.

—

1848.

PROJET

DE CONSTITUTION

SOUMIS

A LA COMMISSION SPÉCIALE DE L'ASSEMBLÉE
NATIONALE CONSTITUANTE.

TITRE PRÉLIMINAIRE.

Objet de l'association politique ; droits et devoirs des associés.

Sous l'invocation et la protection de Dieu, principe et conservateur de toutes choses ;

En présence de toutes les nations de la terre, dont la nation française respecte l'indépendance et les constitutions diverses, et avec lesquelles elle désire entretenir perpétuellement les relations de fraternité qui doivent exister entre tous les membres d'une même famille ;

Tous les individus qui composent aujourd'hui la nation française,

Reconnaissant que les hommes, bien qu'inégaux en facultés intellectuelles et physiques, naissent tous libres et avec des droits égaux ; qu'une association politique entre eux ne peut être que le résultat de leur libre consentement, et que tous ont le droit de concourir à en déterminer les conditions ;

Déclarent qu'ils se constituent en association politique distincte, dans le but :

1° De se garantir, par leurs efforts communs, la conservation des droits inaliénables et imprescriptibles, inhérents à la nature humaine; à savoir : l'indépendance et la sûreté personnelles, la liberté d'actions, le droit pour chaque individu de jouir exclusivement et de disposer du produit de son travail personnel, la libre manifestation de la pensée par la parole et les autres voies de communication, la libre manifestation du sentiment religieux par la voie du culte public;

2° De maintenir dans leur association les seules bases solides de tout état social, la famille et sa hiérarchie naturelle, et la transmission de la propriété par voie de succession;

3° De seconder dans chaque individu la perfectibilité indéfinie de l'espèce humaine;

4° De tendre, par leurs travaux individuels, à ce but commun : l'augmentation de la richesse nationale, des avantages et des jouissances que procure à tous l'état social, et de la part qu'en doit recueillir chaque associé, selon la proportion de ses facultés naturelles, de ses efforts personnels, et des moyens de production qu'il met à la disposition de l'association;

5° D'assurer à chaque associé l'utile emploi de son intelligence et de ses bras, pour la production des ressources à l'aide desquelles il puisse pourvoir aux besoins de son existence;

6° De subvenir, par de mutuels secours, à l'insuffisance de celles qu'il trouverait, soit dans ses biens, soit dans le produit de son travail personnel, par suite d'infirmités, de maladies ou d'incapacité due à l'âge ou à des malheurs immérités;

7° D'obliger chaque associé au respect des droits de ses coassociés, et à l'accomplissement des devoirs que lui imposent à lui-même l'état social et la formation de l'association politique dont il fait partie;

8° De défendre l'existence de l'association et la nationalité des associés contre toute aggression étrangère.

Ces droits de chaque associé, et les devoirs réciproques qui en découlent pour lui, se résument dans ces trois mots, qui forment la devise de l'association :

Liberté, Egalité, Fraternité.

1. — La souveraineté réside, en principe, dans l'universalité de la nation associée ; elle ne peut ni l'aliéner, ni la laisser prescrire contre elle. Elle l'exerce soit directement, soit par délégation expresse.

2. Il n'existe dans la nation française aucune distinction de classes : Tous les membres de l'association sont, comme tels, égaux en droits et tenus des mêmes devoirs. La délégation d'une portion de la souveraineté nationale, faite à quelques uns d'entr'eux, dans l'intérêt commun, peut seule motiver des supériorités sociales au profit de ceux-ci, aussi longtemps que dure la délégation. Tous titres et qualifications qui rappelleraient d'autres distinctions sont et demeurent interdits.

5. — L'acceptation du mandat ou de la fonction que confère cette délégation partielle de la souveraineté nationale, et l'exercice de l'autorité qui en résulte, sont obligatoires pour l'associé auquel est faite la délégation, s'il ne peut faire valoir une excuse légitime.

4. — Tout fonctionnaire ou agent public de l'association est responsable envers elle des actes qu'il fait en cette qualité.

5. — Tous les associés sont également admissibles aux fonctions et emplois publics; mais nul d'entre eux n'a personnellement droit à leur obtention : ils ne doivent être déférés qu'en considération des vertus et de la capacité de celui qui les obtient, et du plus grand avantage de l'association, dans l'intérêt seul de laquelle ils doivent être gérés.

6. — La portion de souveraineté que la nation délègue directement ou indirectement à quelques membres de l'association ne peut être exercée par eux qu'en vertu de la loi, et dans les limites qu'elle établit.

7. — La loi est l'expression de la volonté de tous les associés, qui tous concourent à sa formation par des représentants qu'ils élisent, les uns directement, les autres indirectement.

8. — Elle est la même pour tous, soit qu'elle commande, soit qu'elle défende, soit qu'elle punisse les infractions à ses prescriptions.

9. — Elle ne peut apporter à l'exercice des droits naturels de chaque associé d'autres limites que celles qu'exigent nécessairement le maintien de l'association et l'exercice des mêmes droits pour chacun des associés.

10. — Les associés conservent le droit de former entre eux des associations particulières, patentes et soumises à la surveillance des magistrats, et de se réunir sans armes dans des lieux toujours ouverts à cette surveillance.

11. — Aucun associé ne peut être contraint à faire ce que la loi ne prescrit pas; aucun ne peut être empêché de faire ce qu'elle ne défend pas.

12. — Tous les associés contribuent également, chacun dans la limite de ses forces, à la défense de l'association contre toute attaque extérieure ou intérieure.

13. — Chaque associé contribue aux autres charges de l'association et aux dépenses qu'exigent son maintien et son administration, selon la proportion des avantages et des jouissances qu'elle lui procure.

14. — Cette contribution ne doit atteindre, en général, qu'une partie du revenu de chaque associé; toutefois l'association peut exiger de lui l'abandon de sa propriété privée, pour cause de nécessité ou d'utilité publique légalement constatée; mais sous la condition d'une juste et préalable indemnité.

TITRE II.

Forme de la constitution politique de la nation française,

Divisions administratives de l'Etat.

15. — Tous les membres de la nation française, considérés dans leurs rapports avec l'association politique qu'ils ont formée entre eux, ont la qualité de *Citoyens Français*, et jouissent des droits civils; mais ils ne participent à l'exercice de la souveraineté nationale et des droits politiques que confère virtuellement la qualité de *Citoyen Français*, qu'autant qu'ils remplissent en outre les conditions de sexe, d'âge, de discernement, d'instruction et d'indépendance personnelle déterminées par la constitution.

16. — La loi civile indique à quelles conditions un individu est ou devient membre de la nation Française.

17. — La réunion de tous les intérêts mis en commun dans leur association, par les membres de la nation française, constitue l'*État*.

18. — Le peuple français adopte, pour forme de la constitution politique de l'état, la république démocratique, une et indivisible.

19. — Pour faciliter l'administration de l'état, et l'exercice des droits politiques, le territoire continental et colonial de la république française se divise et se subdivise en départements, cantons et communes.

CHAPITRE PREMIER.

DE L'ADMINISTRATION DE LA COMMUNE.

20. — La commune est l'unité administrative : elle doit être composée de trois mille individus au moins.

21. — Toute commune actuelle, dont la circonscription ne contiendrait pas trois mille individus, sera fondue dans une des communes prochaines, jusqu'à concurrence de ce nombre. Elle pourra néanmoins former une section de commune, pour la tenue de registres de l'état civil distincts, pour la jouissance séparée de ses biens communaux actuels, et pour l'administration et l'exercice des cultes publics.

22. — Une commune peut être propriétaire sous ce titre. Elle gère et administre séparément ses intérêts purement communaux. Les habitants de la commune, et les autres citoyens qui possèdent des immeubles dans sa circonscription, peuvent être soumis, dans les limites établies par la loi, à des contributions spéciales, pour l'administration communale et le paiement des dépenses qui intéressent l'universalité des membres de la commune.

23. — Les intérêts spéciaux de chaque commune sont régis et administrés par un conseil municipal électif et temporaire, et par un maire et des adjoints, qu'il choisit dans son sein.

24. — Le maire, et à son défaut un de ses adjoints,

préside le conseil municipal, et administre, dans l'intervalle de ses sessions, les intérêts spéciaux de la commune. Il est chargé de faire exécuter les arrêtés et décisions du conseil municipal qui n'ont rien de contraire aux lois générales de l'état, de gérer les biens communaux, de percevoir et d'employer les revenus spéciaux de la commune selon les prescriptions du budget communal.

25. — Il est responsable de ses actes, et il rend chaque année, au conseil municipal, un compte détaillé de sa gestion.

26. — Le budget de la commune, le compte du maire et les délibérations du conseil municipal sont copiés sur un registre, dont chaque habitant de la commune a droit de prendre connaissance sans déplacement. Ils peuvent être publiés par la voie de l'impression.

27. — Les fonctions de maire, d'adjoint et de membre du conseil municipal sont gratuites.

28. — Le conseil municipal de chaque commune est élu par l'assemblée des *électeurs municipaux* domiciliés depuis un an au moins dans la circonscription de la commune, ou y possédant des immeubles.

29. — Les membres en peuvent être choisis parmi les citoyens français, âgés de vingt-cinq ans accomplis, qui, jouissant des droits politiques à titre d'*électeurs municipaux*, et sachant lire et écrire, ont leur domicile ou possèdent des immeubles dans la commune.

30. — Sont électeurs municipaux tous les citoyens français, du sexe masculin, âgés de vingt et un ans accomplis, imposés ou fils d'imposé aux rôles des contributions directes de la commune, ou y exerçant habituellement une industrie ou une profession ; non attachés exclusivement, à l'intérieur du domicile, au service personnel d'un autre citoyen ; inscrits sur les contrôles de la garde nationale sédentaire ou mobile, ou faisant partie soit de la reserve soit de l'armée active, ou dispensés de l'un et de l'autre de ces services ; non interdits par jugement ; non privés ou suspendus de l'exercice de leurs droits politiques par suite de condamnations judiciaires, et non constitués en état d'accusation ou de prévention.

31. — Une loi organique spéciale déterminera le mode d'élection, la composition et la durée des pouvoirs du conseil municipal, ses attributions et celles du maire et de ses adjoints.

52. — Le gouvernement de la république a, près de chaque administration communale, un commissaire salarié, choisi et révocable par lui. Ce fonctionnaire, sous le titre de *Commissaire municipal de la république*, est chargé de réquérir l'application des lois dans la commune, d'y faire exécuter les arrêtés de l'autorité départementale et de l'autorité centrale, et d'y procurer l'exécution des arrêtés et des délibérations du conseil municipal qui n'ont rien de contraire aux lois générales de l'état.

53. — Dans les communes dont la population agglomérée excède cinq mille individus, le commissaire municipal a sous ses ordres un ou plusieurs fonctionnaires qui portent le titre de *Commissaires de police.*

CHAPITRE II.

CIRCONSCRIPTION CANTONALE.

54. — Le canton se forme de la réunion de communes. Chaque canton ne peut comprendre moins de trente mille individus; mais une même commune peut être divisée en plusieurs cantons, si sa population excède ce nombre.

55. — L'agglomération formant le canton ne peut être propriétaire sous ce titre. Le canton n'a ni revenus particuliers, ni administration politique spéciale.

56. — Le Commissaire de la république près la municipalité du chef-lieu de canton est chargé, comme intermédiaire entre l'autorité départementale et les autorités municipales de la circonscription du canton, d'assurer, dans cette circonscription, l'exécution des arrêtés de l'autorité départementale et de l'autorité centrale.

57. — Il est pourvu, soit au moyen des ressources de l'état, soit au moyen des ressources du département, au paiement des dépenses que peuvent nécessiter quelques services d'intérêt général ou départemental centralisés au chef-lieu du canton.

CHAPITRE III.

DE L'ADMINISTRATION DU DÉPARTEMENT.

58. — Le département se forme de la réunion de tous les cantons et de toutes les communes que comprend

sa circonscription. Cette circonscription, pour chacun des départements dont se compose le territoire continental de la république française, reste telle qu'elle est aujourd'hui fixée.

39. — Il sera procédé, par les conseils généraux actuels, dans une session qui suivra immédiatement l'adoption de la présente constitution, à la circonscription nouvelle des communes et des cantons de chaque département. Cette circonscription ne sera définitive qu'après qu'elle aura été approuvée par le nouveau pouvoir législatif, à sa première session.

40. — La division du territoire continental de la république, en départements, cantons et communes, sera appliquée à l'Algérie et aux colonies françaises, par le pouvoir législatif, à la même session.

41. — L'universalité des citoyens domiciliés dans la circonscription d'un département peut être propriétaire à ce titre. Le département gère et administre séparément ses intérêts purement départementaux; et, en cas d'insuffisance des revenus de ses biens, les habitants du département, et les autres citoyens qui possèdent des immeubles dans sa circonscription, peuvent être soumis, dans les limites établies par la loi, à des contributions spéciales, pour le paiement des dépenses qu'exigent le service administratif départemental et l'intérêt de l'universalité des membres du département.

42. — Les intérêts spéciaux de chaque département sont régis et administrés par un conseil général électif et temporaire, dont les pouvoirs ne s'exercent que pendant la durée de ses sessions, et par un président et un vice-président qu'il choisit dans son sein, et dont les pouvoirs continuent de s'exercer dans l'intervalle des sessions du conseil.

43. — Le président, et à son défaut le vice-président, est chargé de l'exécution des arrêtés et des décisions du conseil général qui n'ont rien de contraire aux lois générales de l'état, de la gestion des biens départementaux, de la perception et de l'emploi des revenus spéciaux du département, selon les prescriptions du budget départemental.

44. — Il est responsable des actes de son administration, et il rend au conseil général, à chaque session

annuelle, un compte détaillé de l'emploi des fonds départementaux, fait ou autorisé par lui dans l'intervalle entre les sessions annuelles du conseil.

45. — Le budget du département, le compte du président et les procès-verbaux des délibérations du conseil général sont rendus publics par la voie de l'impression.

46. — Les fonctions des membres des conseils généraux, du président et du vice-président, sont gratuites. Ces derniers sont indemnisés des dépenses que nécessiterait leur déplacement.

47. — Les membres du conseil général de chaque département sont élus dans des assemblées cantonales par les *électeurs départementaux* domiciliés depuis un an dans la circonscription du département, et depuis six mois au moins dans le canton.

48. — Chaque assemblée cantonale élit directement, à la majorité absolue, deux membres au moins pour le conseil général du département. Elle peut les choisir parmi tous les citoyens français âgés de 25 ans accomplis, qui, jouissant des droits politiques dans toute leur plénitude, ont leur domicile ou possèdent des immeubles dans le département.

49. — Sont électeurs départementaux :

1º Tous les membres des conseils municipaux des communes du canton;

2º Les arbitres commerciaux et les prudhommes du canton;

3º Les membres des cours et tribunaux, les juges de canton et leurs assesseurs;

4º Les officiers élus de la garde nationale du canton.

5º Les citoyens français sachant lire et écrire, et choisis, à la majorité relative, sur la liste des électeurs municipaux de chaque commune, par l'assemblée de ces électeurs municipaux, dans la proportion de un par cent individus composant la commune.

50. — Une loi organique spéciale déterminera le mode d'élection des conseils généraux, la durée de leurs pouvoirs et leurs attributions.

51. — Le gouvernement central de la république a, dans chaque département, un commissaire salarié, choisi et révocable par lui. Ce fonctionnaire, sous le titre de *Préfet*, est chargé de requérir, partout ailleurs que devant

les tribunaux, l'application des lois, pour toute la circonscription du département, d'y faire exécuter les arrêtés de l'autorité centrale, et d'y procurer l'exécution des arrêtés et délibérations du conseil général qui n'ont rien de contraire aux lois générales de l'état.

52. — Près de chaque préfet sont deux conseillers de préfecture, dont l'un exerce les fonctions de secrétaire général. Le préfet prend leur avis pour ceux des actes de son administration que détermine une loi spéciale d'attributions ; il peut leur déléguer une partie de ses pouvoirs. Ils le remplacent en cas d'absence ou d'empêchement. Ils n'ont aucune compétence comme juges, même en matière contentieuse, administrative ou mixte.

CHAPITRE IV.

DE L'ADMINISTRATION CENTRALE DE L'ÉTAT.

53. — Le peuple français, après l'adoption de sa constitution, n'exerce plus habituellement que par délégation *le pouvoir législatif, le pouvoir exécutif et le pouvoir judiciaire*, qui tous trois émanent de la souveraineté nationale, et en sont la manifestation continuée.

54. — Ces trois pouvoirs, dont l'exercice concourt au gouvernement central de l'état, ne peuvent être réunis dans les mêmes mains.

55. — Le pouvoir législatif est délégué par la nation à deux assemblées électives temporaires, qui concourent en son nom à la confection et à l'adoption des lois.

56. — Le pouvoir exécutif est délégué par elle à un seul magistrat électif et responsable, dont les fonctions sont temporaires.

57. — Il exerce ce pouvoir, au nom de la nation, soit directement, soit par l'intermédiaire de ministres et de fonctionnaires responsables, qu'il nomme et révoque selon des règles établies par la loi.

58. — Le pouvoir judiciaire est délégué à des juges, qui sont en général inamovibles, à l'exception des juges commerciaux et des prudhommes.

59. — Les premières nominations et les promotions à des sièges supérieurs dans la magistrature judiciaire sont faites par le chef du pouvoir exécutif, selon des règles établies par une loi spéciale, à l'exception des promotions à la cour de cassation, dont les membres sont nommés par la voie de l'élection.

60. — Les juges commerciaux et les prudhommes sont élus temporairement par leurs justiciables, dans des formes et sous des conditions établies par une loi spéciale.

SECTION PREMIÈRE.

DU POUVOIR LÉGISLATIF.

§ I. — Composition, élection et constitution des deux chambres.

61. — L'une des deux chambres législatives se compose de 500 citoyens, âgés de 25 ans au moins, qui sont élus directement pour 5 ans, dans des assemblées électorales réunies au chef-lieu de chaque canton, et formées de tous les électeurs municipaux des communes du canton sachant lire et écrire.

62. — Cette chambre porte le nom de *Chambre des représentants*. Aucun fonctionnaire public de l'état, jouissant d'un traitement à ce titre, et nommé directement par le chef du pouvoir exécutif ou par les ministres, n'en peut faire partie.

63. L'autre chambre législative se compose de 200 citoyens, âgés de 40 ans au moins, qui sont élus pour 5 ans, dans des assemblées électorales réunies au chef-lieu de chaque département, et formées de la réunion de tous les électeurs départementaux de la circonscription.

64. — Cette chambre porte le nom de *Sénat*. Nul citoyen n'y peut être élu, s'il n'a rempli pendant dix ans au moins, dans l'administration centrale, dans l'administration départementale, dans l'administration municipale, dans la magistrature judiciaire, dans l'enseignement public ou dans l'armée, des fonctions gratuites ou salariées (1).

(*) Ce serait la chambre de l'expérience; *seniores*.

65. — Les membres de la chambre des représentants sont élus par département, dans la proportion
d'un membre par 70 mille individus, sur la population
entière du département constatée par le dernier recense-
-ment officiel. Il n'est pas tenu compte de la dernière frac-
tion de cette population inférieure à 70,000.

66. — Pour concourir à l'élection des représentants assignés à chaque département, chaque électeur
d'une même assemblée cantonale inscrit le nom d'un seul
candidat sur son bulletin de vote, et l'élection a lieu à la
majorité relative des votants. Sont proclamés représentants pour le département, dans la limite du nombre qui
lui est assigné suivant sa population, les candidats qui,
par suite du recensement général des votes recueillis dans
toutes les assemblées cantonales du département, auront
obtenu le plus de suffrages.

67. — Nul candidat ne peut être proclamé re-
présentant, s'il n'a obtenu 2,000 voix au moins dans le
département.

68. — Les citoyens ayant droit de concourir à
l'élection des représentants dans une assemblée cantonale,
et qui, lors de l'élection, sont absents du canton, pour le
service de l'armée de terre ou de l'armée de mer, concourent dans la commune où ils se trouvent en garni-
son à l'élection des représentants assignés au département
dans lequel ils ont leur domicile légal.

69. — Ils votent par scrutin de liste, en ins-
crivant sur leurs billets autant de noms que le département
doit élire de représentants.

70. — Les membres du senat sont élus par
département, dans la proportion d'un membre par
180,000 individus, sur la population entière du département constatée par le dernier récensement officiel.

71. — Pour concourir à l'élection des membres
du sénat, chaque électeur départemental inscrit sur son
bulletin de vote les noms d'autant de candidats que le département doit élire de sénateurs. L'élection a lieu à la
majorité absolue des suffrages exprimés.

72. — L'élection des membres de la chambre
des représentants précède de 15 jours, dans chaque dé-

partement, l'élection des membres du sénat. Les élections sont fixées de manière que les deux chambres nouvellement élues soient prêtes à remplacer les chambres de la précédente législature, à l'expiration de leur mandat.

73. — Une loi organique spéciale déterminera les règles à suivre pour la composition des listes des électeurs concourant à l'élection des membres de la chambre des représentants et à celle des membres du sénat, pour la tenue des assemblées électorales, pour le dépôt, le recensement et l'attribution des votes, et pour la proclamation des candidats élus.

74. — Les membres de la chambre des représentants et du sénat sont indéfiniment rééligibles.

75. — Ils reçoivent, pendant la durée des sessions de ces deux chambres, et sous la condition de leur présence assidue dans la ville où elles sont réunies, une indemnité pécuniaire de 20 francs par jour, avec addition des frais de voyage calculés suivant la distance, pour ceux qui n'ont pas leur domicile légal dans la ville où se réunissent les chambres législatives.

76. — Le traitement des fonctionnaires publics retribués, qui font partie du sénat, est suspendu pendant la durée des sessions; il est attribué aux fonctionnaires chargés de les suppléer, à titre provisoire, dans leurs fonctions habituelles.

77. — Les deux chambres se réunissent annuellement, et sans convocation, le 15 janvier de chaque année, dans la ville où siège le pouvoir exécutif.

78. — La durée habituelle de chacune de leurs sessions annuelles est de six mois : elles peuvent, d'accord entre elles, abréger ou prolonger cette durée.

79. — En cas d'urgence, elles peuvent être convoquées extraordinairement et à jour fixe, par le chef du pouvoir exécutif.

80. — Les membres de chacune des deux chambres, quoique élus par département, représentent la nation entière, et aucun d'eux ne peut recevoir de mandat impératif de la part de ceux qui l'ont élu.

81. — Ils ne sont tenus d'aucune responsabilité pour ce qu'ils auront dit, écrit ou fait dans l'exercice de leurs fonctions.

82. — Leur personne est inviolable, et pendant la

durée des sessions, ils ne peuvent être arrêtés sans l'autorisation de la chambre à laquelle ils appartiennent, si ce n'est dans le cas de flagrant délit, pour faits qualifiés *crimes* par la loi commune, et sous la condition de faire autoriser contre eux, dans le délai de 24 heures, par cette chambre, la délivrance d'un mandat d'arrêt.

83. — Chaque chambre a sur ses membres un droit de discipline. Les peines disciplinaires qu'elle peut leur infliger sont : le rappel à l'ordre avec blâme, la censure avec simple insertion au procès-verbal, et la censure avec envoi du procès-verbal à tous les électeurs qui ont concouru à l'élection du membre censuré. Ces peines sont indépendantes du rappel à l'ordre que pourra prononcer le président de chaque chambre, aux termes de son règlement.

84. — Chaque chambre vérifie les pouvoirs de ses membres, et statue souverainement sur la validité de leur élection.

85. — Chaque chambre choisit elle-même dans son sein son président, ses vice-présidents, ses secrétaires et ses questeurs, et établit elle-même son règlement intérieur, qu'elle peut toujours modifier, dans les formes suivies d'abord pour l'établir.

86. — Les séances des deux chambres sont publiques: leurs actes et les procès-verbaux de leurs séances doivent être immédiatement imprimés, et transmis sans retard à toutes les municipalités de la république.

87. — Chaque chambre peut toutefois décider, à la majorité des membres présents, qu'elle se forme en comité secret; mais les décisions admises par elle dans ce comité doivent être consignées dans un procès-verbal, et publiées immédiatement.

88. Le vote dans chaque chambre doit être public, si ce n'est lorsqu'il s'agit d'un choix à faire entre les personnes, et qu'un tiers au moins des membres présents demande qu'il soit procédé par scrutin secret.

89. — Aucune des chambres ne peut délibérer en assemblée générale, si la moitié des membres dont elle se compose n'est présente, et aucune de ses décisions n'est valable, si elle n'a obtenu l'assentiment du tiers au moins de la totalité des membres de la chambre.

90. — A chaque chambre appartient exclusivement la

police intérieure du lieu dans lequel elle se réunit. Elle l'exerce par ses questeurs , sous l'autorité et sur les ordres de son président.

91. — Sa sûreté, son inviolabilité et la liberté de ses réunions et de ses délibérations sont protégées extérieurement, sous la même autorité, et sur les mêmes ordres, par la garde nationale de la ville où se tiennent ses sessions.

92. — En cas d'insuffisance de cette force, la garde nationale des autres communes de la république, et au besoin même l'armée active, peuvent être mises en réquisition à cet effet par le président de chaque chambre.

93. — Les citoyens ont le droit d'adresser à chacune des deux chambres des pétitions individuelles ou collectives, dont il doit être fait rapport, et sur lesquelles la chambre est tenue de statuer.

§ II. Formation de la loi.

94. — Le chef du pouvoir exécutif présente, à son choix, à l'une ou à l'autre des deux chambres, par l'intermédiaire d'un des ministres, les projets de loi admis par lui, après avoir été préparés par le Conseil d'état. Cette présentation est accompagnée d'un rapport, qui doit être imprimé et distribué à tous les membres de la chambre, avant toute discussion sur le projet présenté.

95. — Dans tous les cas autres que ceux où il s'agirait d'une proposition reconnue urgente par une déclaration immédiate de la chambre, à la majorité des deux tiers des membres présents, tout projet de loi, après sa présentation, est renvoyé à l'examen d'un des comités de la chambre, ou d'une commission spéciale formée par elle. Il est fait rapport à la chambre, en assemblée générale et en séance publique, du résultat de cet examen, et des modifications que le comité ou la commission spéciale proposerait d'introduire dans le projet présenté.

96. — Ce rapport et les modifications proposées sont imprimés et distribués à tous les membres de la chambre, cinq jours au moins avant que la discussion s'engage devant elle sur le projet.

97. — Pendant cet intervalle, tout membre de la chambre peut déposer par écrit, sur le bureau du pré-

sident, pour être renvoyés à l'examen du comité ou de la commission spéciale, des amendements au projet présenté, ou des amendements aux modifications proposées par la commission; l'auteur de ces amendements peut les motiver et les défendre dans le sein du comité ou de la commission.

98. — Il est fait rapport à la chambre de l'avis du comité ou de la commission sur ces amendements, au début de la discussion. Ils peuvent être soutenus par leur auteur devant la chambre entière.

99. — Nul autre amendement, à moins qu'il ne s'agisse seulement de la forme de la rédaction, ne peut être présenté ni discuté devant la chambre.

100. — Le droit d'initiative pour la présentation d'un projet de loi appartient également à chacun des membres des deux chambres.

101. — L'auteur de la propositition l'expóse sans motifs en séance publique de la chambre dont il fait partie.

102. — Si la proposition est appuyée par dix membres au moins, la chambre vote immédiatement sur la prise en considération. La décision se forme à la majorité des membres présents. Si la chambre prend la proposition en considération, elle indique le jour où elle sera développée devant elle.

103. — Le texte en est imprimé et distribué à tous les membres dans l'intervalle.

104. — Après le développement de la proposition par son auteur, la chambre vote, sans discussion, sur l'admission à plus ample examen.

105. — Si la majorité des membres présents repousse la proposition à cette seconde épreuve, elle ne peut plus être représentée pendant toute la durée de la session.

106. — Si la majorité admet le plus ample examen, la proposition est renvoyée, soit à un des comités de la chambre, soit à une commission spéciale, et il est procédé comme à l'égard des projets qui émanent de l'initiative du pouvoir exécutif.

107. — Si la chambre décide, à la majorité des membres présents, au moment même de la présentation d'un projet de loi ou d'une proposition, qu'il y a cas d'urgence, elle peut passer immédiatement à la discussion et au vote, sans renvoi à un de ses comités ou à une commission spéciale.

108. — Tout projet de loi admis par l'une des chambres, sur la proposition d'un de ses membres, est porté sans retard par un des ministres à l'autre chambre, où il subit les mêmes épreuves d'examen et de discussion que s'il y avait été présenté d'abord et directement, sur l'initiative du pouvoir exécutif.

109. — En général, un projet de loi ne devient *loi*, et ne peut être promulgué comme obligatoire pour les citoyens, qu'après qu'il a été successivement adopté par les deux chambres.

110. — Toutefois, si un projet de loi adopté par la chambre des représentants, dans le cours d'une session, et rejeté par le sénat, est adopté une seconde fois, et dans les mêmes termes, à la session suivante, par la chambre des représentants, il devient *loi* par cette seule adoption, et doit être promulgué comme tel.

111. — Le budget annuel des dépenses et recettes de l'état, les demandes de crédits extraordinaires pour dépenses accidentelles et imprévues, et le projet de loi pour la fixation du contingent annuel à fournir par le peuple pour le recrutement de l'armée de terre et de mer, sont présentés seulement à la chambre des représentants, et ils deviennent lois par l'adoption qu'en aura faite cette chambre seule.

112. — Il ne peut être introduit dans ces deux lois ni disposition pénale, ni aucune autre disposition étrangère à leur objet.

113. — La promulgation des lois se fait au nom du peuple français par le chef du pouvoir exécutif. Elle doit avoir lieu par l'affiche au chef-lieu du gouvernement, et par l'insertion au Bulletin officiel des lois, dans les cinq jours qui suivent l'adoption définitive de chaque loi.

SECTION II.

DU POUVOIR LÉGISLATIF.

§ I. — De l'administration.

114. — Le pouvoir exécutif est délégué à un magistrat unique, élu directement pour cinq ans, à la majorité relative des voix, par tous les électeurs municipaux de la

république, réunis en assemblées électorales au chef-lieu de la commune où chacun d'eux a sa résidence.

115. — L'élection de ce magistrat, qui prend le nom de *Président de la république*, a lieu habituellement dans l'année qui précède celle où expire le mandat des deux chambres législatives.

116. — Nul ne peut être élu président de la république, s'il n'est citoyen français, et âgé de quarante ans au moins.

117. — La proclamation du président élu et son installation ont lieu dans une assemblée des deux chambres législatives, après recensement des votes et vérification de la régularité de l'élection, par une commission de quinze membres, élus pour deux tiers par la chambre des représentants, et pour un tiers par le sénat.

118. — Le président de la république est le chef suprême de l'administration générale de l'état; il est spécialement chargé d'assurer l'exécution des lois, de maintenir l'ordre et la liberté à l'intérieur, de procurer à tous les citoyens la jouissance des droits que leur garantit la constitution, de veiller à la sûreté extérieure de l'état, et d'entretenir des relations amicales entre la nation française et les autres nations.

119. — Il exerce, en général, le pouvoir exécutif par l'intermédiaire de ministres responsables comme lui, qu'il choisit directement, moitié dans la chambre des représentants et moitié dans le sénat.

120. — Il révoque ses ministres, sans être tenu de rendre compte des motifs de leur révocation.

121. — Les ministres sont au nombre de dix : ministre de l'intérieur, ministre des relations extérieures, ministre de la justice, ministre de l'instruction publique et des cultes, ministre de l'agriculture et du commerce, ministre de l'industrie et des travaux publics, ministre des établissements de bienfaisance, de la salubrité et des secours publics, ministre des finances, ministre de la marine et des colonies, ministre de la guerre.

122. — Sur la demande du président de la république, et chaque fois qu'il le juge nécessaire, ils se réunissent en conseil des ministres sous sa présidence, pour conférer des questions les plus importantes de l'administration de l'état. Les décisions prises à la suite de ces réunions et les prescriptions qui les accompagnent reçoivent le nom de *décrets*.

123. — Un secrétaire d'état, nommé par le sénat, et révocable par lui, est chargé de la rédaction et de la conservation des procès-verbaux des réunions générales des ministres, du contre-seing de tous les actes du président de la république, de la conservation des minutes de ces actes, et de la délivrance des expéditions authentiques.

124. — Les décrets, pour être exécutoires, doivent avoir été signés par le président de la république, contresignés par le secrétaire d'état, pour la constatation de cette signature, et signés par celui des ministres que le président charge de leur exécution. Ils doivent en outre être promulgués dans la même forme que les lois.

125. — Chaque ministre prépare et soumet directement au président de la république, dans les limites du département ministériel à la direction duquel il est préposé, les projets d'actes, de déclarations et de prescriptions que nécessitent l'exécution des lois et l'expédition habituelle des affaires administratives de ce département. Ces actes, déclarations et prescriptions reçoivent le nom d'*ordonnances*.

126. — Les ordonnances ne sont exécutoires pour tous les citoyens qu'autant qu'elles ont été signées par le président de la république, contresignées par le secrétaire d'état, et signées en outre par le ministre qui les a soumises à l'acceptation du président, et qu'elles ont été rendues publiques, par leur insertion au Bulletin officiel des lois.

127. — Les décrets et ordonnances ne peuvent avoir pour objet que d'assurer et de faciliter l'exécution des lois. Ils ne peuvent jamais ni les abroger, ni les modifier, ni en suspendre l'effet, ni dispenser de leur exécution.

128. — Chaque ministre dirige, sous sa responsabilité, la partie de l'administration générale de l'état qui lui est confiée. Les prescriptions qu'il adresse à cet effet à ses subordonnés prennent le nom d'*arrêtés*. Elles ne sont obligatoires que pour ceux auxquels elles sont adressées.

129. — Chaque ministre présente à la nomination du président de la république les fonctionnaires non électifs pour la partie du service administratif à laquelle il est préposé. Il lui propose la révocation et le remplacement de ceux de ces fonctionnaires qui ne sont pas inamovibles.

130. — Un conseil d'état, composé de vingt fonction-

naires amovibles, et à la nomination du président de la république, est chargé de la préparation des projets de lois, de décrets et d'ordonnances. Il peut aussi être admis, sur la demande du président, aux réunions générales du conseil des ministres, et prendre part aux délibérations, avec voix consultative seulement. Les conseillers d'état sont partagés en deux classes, quant au rang et au traitement.

151. — Deux conseillers d'état sont spécialement attachés à chaque département ministériel, pour la préparation du travail administratif habituel de ce département.

152. — Les conseillers d'état peuvent être chargés par les ministres d'assister dans les chambres à la discussion des projets de loi, afin de les expliquer et de les soutenir.

153. — Ils n'ont aucune compétence en matière contentieuse, soit que le litige existe entre deux citoyens, soit qu'il existe entre un citoyen et l'état.

154. — Les conseillers d'état ne peuvent être choisis que dans le sénat, dont il cessent de faire partie par leur nomination à ces fonctions.

155. — Une cour des comptes, composée de quinze conseillers, choisis par la chambre des représentants, parmi les fonctionnaires de l'administration financière de la république, et qui deviennent inamovibles par le fait seul de leur nomination, est chargée de vérifier et de constater par arrêts la régularité de la comptabilité générale de l'état. Quinze référendaires, choisis par la même chambre et dans les mêmes conditions, sont attachés à la cour des comptes, et chargés des rapports, avec voix consultative. Ils peuvent être révoqués par le pouvoir qui les a nommés.

156. — Le président de la république ne peut exercer directement pendant toute la durée de ses fonctions aucun commandement dans les armées de terre ou de mer.

157. — Il ne peut établir de relations politiques avec les nations étrangères sans l'intermédiaire du ministre des affaires extérieures. C'est par l'intermédiaire du même ministre qu'il doit conduire les négociations relatives à des traités de paix, de neutralité ou d'alliance, et régler les stipulations préliminaires qui en préparent la conclusion.

158. — Il signe seul ces traités, au nom du peuple français, et sa signature leur procure une exécution provisoire; mais ils ne deviennent définitivement exécutoires qu'après avoir été soumis à la chambre des représentants,

discutés et adoptés par elle dans la même forme que les lois.

139. — Les articles secrets qu'ils contiendraient sont discutés et admis par çette chambre en comité secret.

140. — Les traités de commerce sont préparés et signés par le président de la république, comme les traités de paix ou d'alliance; mais ils ne deviennent obligatoires pour le peuple français qu'après avoir été adoptés par les deux chambres, dans la même forme que les lois.

141. — Les déclarations de guerre sont dénoncées par le président de la république, au nom du peuple français; mais elles doivent avoir été préalablement admises par la chambre des représentants, qui les discute en comité secret.

142. En cas de subites hostilités, de menaces ou de préparatifs de guerre de la part des nations étrangères, le président prend, sur l'avis du conseil des ministres, toutes les mesures nécessaires à la défense de la république; mais il est tenu d'en rendre immédiatement compte aux chambres, qui sont convoquées par lui sans retard, si elles ne sont pas en session.

143. — Le président de la république a le droit de commutation de peine et de grâce, après condamnation, si ce n'est à l'égard des ministres et des autres fonctionnaires condamnés par la haute cour de justice nationale. Il ne peut accorder d'amnistie, avant jugement, qu'avec la participation des deux chambres, et sous forme de loi.

144. — Le président de la république est tenu de résider dans la même ville que les deux chambres, pendant toute la durée de leurs sessions. Il ne peut sortir du territoire de la république sans l'autorisation de la chambre des représentants.

145. — Il communique avec les deux chambres par l'intermédiaire des ministres; mais il peut asssister à leurs séances quand il le juge convenable.

146. — Il est tenu de leur soumettre lui-même chaque année, à l'ouverture de leur session, un exposé de l'état général des affaires de la république. Cet exposé doit être imprimé, distribué à tous les membres des deux chambres, et envoyé à toutes les municipalités.

147. — Le président de la république, les ministres et les fonctionnaires placés sous leurs ordres sont responsables pour cause de trahison, de concussion, de détournement

frauduleux des deniers de l'état, de corruption et d'abus de pouvoir.

148. — Le président, les ministres et quelques fonctionnaires, expressément désignés par la loi, ne peuvent être mis en accusation pour crimes politiques que par délibération de la chambre des représentants, prise à la majorité des membres dont elle se compose. Ils sont justiciables de la haute cour de justice nationale. L'accusation est soutenue contre eux devant cette cour par un ou par plusieurs membres de la chambre des représentants délégués par elle.

149. — Une loi spéciale sera rendue, dans la première session annuelle des chambres qui suivra l'adoption de la constitution, pour préciser les cas de responsabilité politique du président de la république, des ministres et des autres fonctionnaires publics, la procédure à suivre contre eux, et les peines qui devront leur être infligées en cas de condamnation.

150. — Le président de la république est provisoirement remplacé par le président du sénat, en cas de décès, de maladie prolongée, d'interdiction judiciaire ou de mise en accusation.

151. — Le président de la république reçoit un traitement annuel dont le chiffre est fixé pour cinq ans, par les représentants, à la session qui suit son élection. Un hôtel lui est en outre attribué pour sa résidence dans la ville où siège le gouvernement central.

152. — Chaque ministre reçoit un traitement annuel dont le chiffre est fixé pour cinq ans par la chambre des représentants à la même époque. Il lui est en outre attribué, pour sa résidence dans la même ville, un logement convenable dans un édifice appartenant à l'état.

153. — Des lois fixent les traitements de tous les autres fonctionnaires rétribués par l'état.

154. — Des lois fixent aussi les conditions d'admission et de promotion des fonctionnaires de l'état dans toutes les parties de l'administration publique.

§ II. — De la force publique.

155. — La force générale de la république se compose de la garde nationale sédentaire, de la garde nationale mobilisable, des marins classés, de la réserve de l'armée de

terre et de l'armée de mer, de la partie active de l'armée de terre et de l'armée de mer.

156. — La garde nationale sédentaire comprend tous les citoyens français de 55 à 60 ans, non condamnés pour crimes, et qu'aucune infirmité n'empêche de porter les armes. Elle élit elle-même tous ses officiers.

157. — La garde nationale mobilisable se compose de tous les citoyens français de 18 à 55 ans, non compris dans la réserve ni dans la partie active de l'armée de terre ou de mer, non condamnés pour crimes, que la loi n'excepte pas expressément de ce service comme soutiens indispensables de leur famille, et qu'aucune infirmité ne rend incapables de soutenir les marches militaires et de porter les armes. Cette partie de la garde nationale élit ses officiers, jusqu'au grade de capitaine inclusivement, pour tout le temps pendant lequel elle est mobilisée.

158. — La garde nationale mobilisable se confond avec la garde nationale sédentaire, lorsqu'elle n'est pas requise pour un service qui l'oblige à dépasser les limites du département.

159. — Une loi spéciale détermine l'organisation des deux parties de la garde nationale et le service dont elles sont tenues.

160. — L'armée de terre et l'armée de mer se recrutent par enrôlements volontaires et par un tirage au sort entre tous les jeunes Français ayant atteint l'âge de 20 ans révolus dans l'année précédente.

161. — Chaque année, la chambre des représentants fixe par une loi le contingent à fournir pour le recrutement de l'armée de terre et de mer par la voie du tirage au sort, et la division de ce contingent en deux parties, la réserve et la partie active.

162. — Les enrôlements volontaires faits dans l'intervalle entre la promulgation de cette loi et la formation du contingent comptent en déduction de ce contingent. L'application des dispenses et des exemptions légales s'opère avant le tirage au sort.

163. — La durée habituelle du service militaire est de huit ans.

164. — Tous les jeunes Français désignés par le sort pour faire partie du contingent font personnellement le service militaire actif pendant trois ans.

165. — A l'expiration de ce terme, la partie du contingent assignée à la réserve, selon l'ordre des numéros obtenus lors du tirage, rentre dans ses foyers, où elle reste pendant cinq ans à la disposition de l'Etat, pour le cas d'invasion du territoire de la république, ou de déclaration de guerre à une nation étrangère. Elle se confond pendant ce temps avec la garde nationale mobilisable; mais elle est soumise à des rassemblements et à des exercices périodiques.

166. — Tout jeune soldat compris dans la partie du contingent qui est tenue du service actif pendant huit ans, peut échanger par substitution sa position avec celle d'un autre jeune soldat de la même année que lui, compris dans la réserve.

167. — Tous les officiers de l'armée de terre et de mer sont nommés par le président de la République, sur la présentation du ministre de la guerre. Ils doivent être citoyens français.

168. — Une loi fixe les conditions de nomination au premier grade d'officier et des promotions successives aux grades supérieurs, les cas dans lesquels un officier peut être révoqué de son commandement ou privé de son grade, et les conditions d'admission à la réforme ou à la retraite.

169. — Tous les citoyens composant la partie active de l'armée de terre et de mer sont soumis à des peines particulières, et justiciables de tribunaux spéciaux, pour tout ce qui concerne la discipline, pour les délits militaires, et pour toutes les infractions qui, prévues par les lois spéciales ordinaires, auraient été commises par eux hors du territoire de la République, sur un navire sous voiles, ou dans une place en état de siége.

170. — Une loi déterminera la nature de ces peines, la composition, la juridiction et la procédure de ces tribunaux spéciaux, et les infractions qui doivent être qualifiées *délits militaires*.

171. — Le président de la République ne peut confier, si ce n'est pour une expédition temporaire et déterminée, le commandement de toute l'armée de terre à un seul général, ni celui de toute l'armée de mer à un seul amiral.

172. — L'armée active peut, en cas d'insuffisance de la

garde nationale, être employée à l'intérieur, sur la réquisition écrite des magistrats civils, pour le maintien de l'ordre et la répression des attaques contre la constitution de l'Etat.

173. — Aucune force armée étrangère ne peut être employée au service de la République, si ce n'est à titre d'alliée.

174. — Aucune force armée étrangère ne peut être introduite sur le territoire de la République, sans l'autorisation de la chambre des représentants.

175. — La force publique ne peut discuter les ordres que lui donnent les autorités légales sous leur responsabilité, et elle est tenue d'y obéir à la première réquisition.

176. — Nul corps armé ne peut délibérer ni présenter aux chambres de pétitions collectives.

§ III. — Des contributions publiques.

177. — Les contributions auxquelles doivent être soumis les citoyens, tant pour le paiement des charges de l'Etat que pour le paiement des charges des départements et des communes, sont de deux sortes : les contributions directes et les contributions indirectes.

178. — Les contributions directes sont : l'impôt foncier, l'impôt sur l'ensemble des revenus, toutes charges déduites, la patente, le droit de mutation sur les successions légales ou testamentaires, et le droit de mutation sur les acquisitions ou sur les échanges inégaux d'immeubles.

179. — L'impôt foncier est proportionnel au revenu annuel de l'immeuble imposé. Ce revenu sera déterminé par l'évaluation cadastrale, lorsqu'elle aura été ramenée au revenu vrai, dans toutes les parties de la république, par une péréquation entre toutes les communes et tous les départements.

180. — L'impôt sur l'ensemble des revenus ne porte que sur les revenus certains et qui peuvent être déterminés à l'époque de la confection des rôles. Il n'atteint que ce qu'il reste de disponible à chaque citoyen, après satisfaction de ses stricts besoins, déterminés par la loi, selon l'importance de ses charges de famille. Il frappe

cet excédant des revenus sur les charges, selon une échelle de progression établie par la loi , mais sans qu'il puisse jamais en dépasser le tiers.

181. — La patente atteint les revenus présumés de tout commerce , de toute industrie et de toute profession autre que l'exploitation agricole et les fonctions publiques.

182. — Le droit de succession est progressivement réglé selon le degré de proximité entre l'auteur de la succession et le successible.

183. — Le droit de mutation sur les acquisitions d'immeubles est proportionnel à la valeur vénale de l'immeuble acquis.

184. — Les contributions indirectes sont : les droits de douane, les droits sur les consommations et sur les transports, les droits d'enregistrement, de timbre et de greffe, et les amendes.

185. — Les droits de douane ne peuvent porter sur le combustible ni sur les minerais ; ils sont réglés sur la valeur vénale des objets importés, et pourront être restitués, après consignation, sous la condition d'exportation immédiate de produits du sol français, pour une valeur vénale égale à celle des produits naturels exotiques, ou de produits des manufactures françaises, pour une valeur vénale égale à celle des produits des manufactures étrangères importés.

186. — Les droits de consommation, soit qu'ils se perçoivent au profit de l'état, soit qu'ils se perçoivent au profit des communes, sous le titre d'*octrois*, ne peuvent porter sur les consommations de stricte nécessité, spécialement sur les grains, farines, légumes secs ou verts, viandes de boucherie, fraîches ou salées, sel et combustibles.

187. — Les contributions à percevoir au profit de l'état sont votées chaque année par la chambre des représentants. Elle fixe aussi chaque année le maximum des centimes additionels au principal de chaque contribution directe qui peuvent être perçus au profit des départements et des communes.

188. — Les tarifs des octrois communaux sont réglés par une loi. Les tarifs de plusieurs communes peuvent être compris dans la même loi. Ils ne peuvent être établis pour plus de dix ans.

189. — Nulle contribution ne peut être exigée des citoyens, sous peine de concussion, si elle n'a été votée par la chambre des représentants.

§ IV. — De l'organisation du travail; des travaux et des secours publics.

190. — L'Etat n'a pas le droit d'intervenir dans les stipulations des traités qui se forment entre les ouvriers et les chefs d'ateliers, les entrepreneurs d'industrie ou les propriétaires, si ce n'est en ce qui concerne la fixation et la durée du travail à exiger d'apprentis ou d'ouvriers au-dessous de l'âge de 16 ans.

191. — Pour empêcher que les travailleurs ne soient à la discrétion des détenteurs de capitaux, l'Etat entretient, dans chaque département, des ateliers nationaux, où des travaux d'exploitation agricole ou industrielle sont exécutés pour son compte et à ses frais, sous la direction et la surveillance de fonctionnaires publics, et où tout ouvrier laborieux, qui consent à se soumettre à la discipline de l'atelier, obtient un salaire proportionné à l'habileté et à l'activité dont il fait preuve.

192. — L'Etat tient aussi, dans le même but, à la disposition du préfet de chaque département, un capital suffisant pour pouvoir faciliter, au moyen d'avances ou de commandites, les associations entre ouvriers dont la capacité, la conduite régulière et la probité auront été par lui constatées.

193. — Tout ouvrier qui n'aura subi aucune condamnation pour vagabondage, mendicité ou habitude d'ivrognerie, et qui justifiera que depuis l'âge de 20 ans, ou depuis qu'il est libéré du service actif dans l'armée de terre ou dans l'armée de mer, il s'est livré au travail, sans autres interruptions que celles qu'auraient nécessitées des maladies, en versant chaque mois dans une caisse de l'Etat un trentième du produit de son travail, devra, lorsque la maladie, la vieillesse ou un entier épuisement de ses forces le rendra incapable de se livrer habituellement au travail, être admis dans un établissement départemental où, sous le titre d'*invalide de l'industrie*, il obtiendra, aux frais de l'Etat, le même régime que celui des simples soldats admis à l'hôtel des Invalides; s'il ne

préfère recevoir, pour en disposer chez lui, un traitement en argent égal à la dépense que nécessite l'entretien de chaque soldat invalide.

194. — La charge de l'entretien et de l'éducation de tous les enfants abandonnés incombe à l'Etat entier.

SECTION III.

DU POUVOIR JUDICIAIRE.

§ I. — De la justice civile en matière ordinaire.

195. — La justice, en matière civile ordinaire, est rendue, au nom du peuple français, par des magistrats que nomme et qu'institue le président de la république, sur la proposition du ministre de la justice.

196. — Il y a, pour chaque circonscription cantonale, au chef-lieu du canton, un magistrat qui, sous le nom de *juge de canton*, et avec l'assistance de deux assesseurs électifs, qui n'ont que voix consultative, statue en dernier ressort, sur procédures sommaires, et sans ministère obligé d'avoués ou d'avocats, sur tout litige dont l'importance n'excède pas une valeur de 300 fr., selon l'évaluation qu'en doivent faire les parties, au début de l'instance.

197. — Tout litige dont l'importance excède cette somme doit néanmoins être porté d'abord devant le même juge, qui, avec l'assistance des mêmes assesseurs, propose aux parties une transaction motivée sur les faits qui lui semblent constants, sur les principes de l'équité et sur les règles du droit. Il constate immédiatement l'acceptation ou le refus de cette décision transactionnelle, qui, signée de lui, de ses assesseurs et des parties, quand elles le savent faire, vaut entre elles, en cas d'acceptation, comme jugement en dernier ressort.

198. — En cas de refus des deux parties ou de l'une d'elles d'accepter cette transaction, le juge renvoie les parties se pourvoir devant le tribunal de première instance du département, où la demande n'est admise que sur la représentation de la sentence transactionnelle refusée, et du procès-verbal qui constate le refus.

199. — Les assesseurs des juges de canton sont élus

par les électeurs départementaux, réunis en assemblées de canton, à la suite des élections pour le conseil général du département.

200. — Les fonctions attribuées aujourd'hui aux juges de paix, en matière non contentieuse, seront remplies par le maire de chaque commune ou par un des adjoints délégués à cet effet, avec l'assistance du greffier de la commune, et sous la surveillance du procureur municipal.

201. — Il y a près de chaque juge de canton un commissaire du gouvernement central, lequel, sous le titre de procureur cantonal de la République, est chargé de requérir l'application de la loi, et d'exercer devant le juge de canton toutes les fonctions attribuées jusqu'ici au ministère public devant les tribunaux.

202. — Il y a, dans chaque département, un tribunal composé de dix juges au moins, d'un procureur de la république et de deux substituts au moins, qui statue, en matière civile ordinaire, sans appel, sur tout litige dont l'importance évaluée par les parties au début de l'instance n'excède pas trois mille francs, ou à charge d'appel, lorsque les parties n'y ont pas formellement renoncé, sur tout litige dont l'importance excède cette somme.

203. — Le tribunal se forme de trois juges au moins pour le jugement de chaque cause.

204. — Les juges de canton, les juges de département et les membres du ministère public près de ces juges et tribunaux sont choisis sur la proposition du ministre de la justice, dans un corps d'aspirants qui, recrutés par la voie du concours, auront été placés, pendant trois ans au moins, près des tribunaux de départements, pour y compléter leurs études judiciaires.

205. — Ces magistrats peuvent aussi être choisis, jusqu'à concurrence d'un cinquième des vacances, dans le ressort de chaque cour d'appel, parmi les avocats ayant au moins dix ans d'exercice, ou parmi les avoués licenciés en droit ayant au moins vingt ans d'exercice.

206. — Il y a, dans chaque circonscription formée de cinq à six départements, une cour d'appel composée de douze juges au moins, d'un procureur général de la république et de trois substituts au moins. Cette cour statue sur les appels des jugements rendus en dernier ressort par les tribunaux civils, commerciaux et industriels, des départements compris dans sa circonscription.

207. — Les cours d'appel se divisent en chambres, et se forment en un tribunal de cinq juges au moins pour le jugement de chaque cause. Leurs décisions reçoivent le nom d'*arrêts*.

208. — Les cours d'appel sont au nombre de quinze, pour le territoire continental de la république. Il sera statué ultérieurement par une loi sur la circonscription de chacune de ces quinze cours, sur l'établissement des cours d'appel dans l'Algérie et dans les colonies françaises, et sur leur circonscription.

209. — Les juges des tribunaux de département et des cours d'appel élisent dans leur sein leur président et leurs vice-présidents.

210. — Une loi spéciale déterminera les conditions que devront remplir les candidats au titre d'aspirants à la magistrature judiciaire, pour être admis au concours, les règles du concours et la composition du jury qui statuera sur les épreuves. La même loi déterminera les règles qui devront être suivies pour toute nomination ou promotion dans la magistrature judiciaire non élective.

211. — Les juges de canton deviennent inamovibles après cinq ans d'exercice. Les juges des tribunaux de département et des cours d'appel, et les présidents et vice-présidents élus par ces cours et tribunaux deviennent inamovibles par le fait seul de leur institution.

212. — Les magistrats inamovibles nommés par le pouvoir exécutif ne peuvent être révoqués que dans les trois cas suivants : 1° condamnation par la cour de cassation pour cause de forfaiture; 2° condamnation par une cour d'assises à une peine infamante; 5° démence constatée ou infirmités permanentes qui les rendent incapables de continuer l'exercice de leurs fonctions. Ils peuvent être suspendus par la cour de cassation, pour condamnation à une peine correctionnelle.

215. — Les membres du ministère public peuvent toujours être révoqués par le pouvoir qui les a nommés.

214. — Il y a, pour toute la république, une cour suprême, qui, sous le titre de *cour de cassation*, est chargée de maintenir l'exacte interprétation des lois et leur application uniforme dans tous les tribunaux de la république, et de statuer définitivement sur les réglements de juges, sur les conflits d'attributions ou de juridictions, et sur les demandes de renvoi d'une cour d'appel ou d'une cour d'assises à une autre, dans les cas déterminés par la loi.

215. — La cour de cassation se compose de trente juges, y compris le président et les vice-présidents, d'un procureur général et de trois avocats généraux. Elle se divise en chambres, et se constitue en tribunal de sept juges au moins pour le jugement de chaque cause.

216. — Les juges de la cour de cassation sont élus, dans la proportion de deux pour le ressort de chaque cour d'appel, à la majorité absolue, par tous les juges du ressort réunis en assemblée électorale au chef-lieu du département où siège la cour d'appel.

217. — A chaque vacance dans la cour de cassation, il est procédé dans la même forme au remplacement du juge manquant, par les juges du ressort de la cour d'appel où il avait été élu.

218. — Les juges de la cour de cassation élisent dans leur sein, à la majorité absolue, leur président et leurs vice-présidents.

219. — Les juges de la cour de cassation, le président et les vice-présidents deviennent inamovibles par le fait seul de leur élection. Ils ne peuvent être destitués que dans les trois cas suivants : 1° condamnation par la haute cour nationale pour cause de forfaiture; 2° condamnation à une peine afflictive ou infamante par une cour d'assises; 3° démence constatée ou infirmités permanentes qui les rendent incapables de continuer l'exercice de leurs fonctions.

220. — Les membres du ministère public près la cour de cassation sont nommés par le président de la république, sur la présentation du ministre de la justice, qui ne peut les choisir que parmi les membres du ministère public près les cours d'appel, ou parmi les procureurs de la république près les tribunaux de département. Ils sont révocables par le pouvoir qui les a nommés.

ARTICLE TRANSITOIRE.

Pour la première organisation qui suivra l'adoption de la constitution, et jusqu'à la complète institution des aspirants à la magistrature judiciaire, les juges de canton, les juges des tribunaux de département et ceux des cours d'appel pourront être choisis parmi les membres actuels des tribunaux de justice de paix, des tribunaux de département et des cours d'appel, les avocats et les avoués.

§ II. — De la justice civile en matière commerciale et industrielle.

221. — Il y a dans chaque circonscription de canton un bureau d'arbitres commerciaux, composé de deux arbitres titulaires et de deux suppléants, sous la présidence du juge de canton. Ce bureau statue en dernier ressort sur tout litige commercial dont l'importance, évaluée par les parties, au début de l'instance, n'excède pas trois cents francs.

222. — Les arbitres commerciaux sont élus pour trois ans, à la majorité relative, dans des assemblées électorales formées de tous les patentés du canton.

223. — Il y a dans chaque circonscription de canton, selon le nombre et l'importance des industries qu'on y exploite, un ou plusieurs bureaux d'arbitres prud'hommes, composé de deux prud'hommes titulaires et de deux suppléants, sous la présidence du juge de canton. Ce bureau statue en dernier ressort sur tout litige entre ouvriers et chefs d'industrie dont l'importance, évaluée par les parties au début de l'instance, n'excède pas trois cents francs.

224. — Tout litige commercial ou tout litige industriel dont l'importance excède cette somme, doit néanmoins être porté d'abord devant le bureau d'arbitres commerciaux, ou devant le bureau d'arbitres prud'hommes, qui propose aux parties une sentence transactionnelle, qui en constate l'acceptation ou le refus, et qui renvoie les parties devant le tribunal compétent, dans la même forme que le juge de canton jugeant avec deux assesseurs en matière civile ordinaire.

225. — Les prud'hommes de chaque bureau sont élus pour trois ans, à la majorité relative des voix, dans deux assemblées électorales formées, l'une de tous les ouvriers du canton exerçant une même industrie ou des industries analogues, l'autre de tous les chefs ou entrepreneurs de la même industrie ou des industries analogues. L'assemblée électorale formée des chefs d'industrie choisit un prud'homme et un suppléant parmi les ouvriers du canton; l'assemblée électorale formée des ouvriers choisit un prud'homme et un suppléant parmi les chefs et entrepreneurs d'industrie.

226. — Il y a au chef-lieu de chaque département un tribunal de commerce, formé de cinq juges au moins et de deux suppléants, qui statue, au nombre de trois juges, en dernier ressort, sur tout litige commercial dont l'importance, évaluée par les parties au début de l'instance, n'excède pas trois mille francs, et à charge d'appel sur tout litige dont l'importance excède cette somme.

227. — Les juges et suppléants des tribunaux de commerce sont élus pour trois ans, à la majorité relative des voix, au chef-lieu du département, dans des assemblées électorales formées de délégués des patentés de chaque canton, élus à la même majorité par ceux-ci, au chef-lieu du canton, dans la proportion d'un délégué pour vingt patentés. Ces juges et suppléants sont indéfiniment rééligibles. Le tribunal de commerce élit son président dans son sein, à la majorité absolue des voix.

228. — Il y a au chef-lieu de chaque département un ou plusieurs tribunaux de prud'hommes, formés de trois juges au moins et de deux suppléants, qui statuent au nombre de trois juges, en dernier ressort, sur tout litige industriel dont l'importance, évaluée par les parties au début de l'instance, n'excède pas trois mille francs, et à charge d'appel sur tout litige dont l'importance excède cette somme.

229. — Les juges et suppléants des tribunaux de prud'hommes sont élus pour trois ans, à la majorité relative des voix, au chef-lieu du département, dans des assemblées électorales formées de délégués de tous les ouvriers et de tous les entrepreneurs d'une même industrie ou d'industries analogues. Ces délégués sont élus au chef-lieu de chaque canton, dans la proportion de trente par canton. Les ouvriers nomment la moitié de ce nombre, les entrepreneurs d'industrie nomment l'autre moitié. Ces juges et et suppléants sont indéfiniment rééligibles. Ils élisent leur président dans leur sein, à la majorité absolue.

230. — Il peut être établi des tribunaux de commerce et des tribunaux de prud'hommes dans des villes autres que les chefs-lieux de département. Leur circonscription est déterminée par la loi qui les institue.

231. — Le procureur de la république près le tribunal civil du département délègue un de ses substituts pour remplir les fonctions du ministère public aux audiences des tribunaux de commerce et de prud'hommes du chef-lieu. Ces fonctions sont remplies par le procureur cantonal près d'un tribunal de commerce ou de prud'hommes établi dans une ville autre qu'un chef-lieu de département.

232. — Les fonctions d'arbitres commerciaux, d'arbitres prud'hommes et de juges des tribunaux de commerce et de prud'hommes sont gratuites.

233. — L'institution d'arbitres, de juges et de tribunaux en matière civile, commerciale et industrielle ne peut porter atteinte au droit qu'ont les citoyens de faire statuer sur leurs contestations par des arbitres de leur choix.

§ III. — De la justice criminelle.

234. — En matière criminelle, aucun citoyen ne peut, même de son consentement, être traduit devant d'autres juges que ceux que la loi a établis pour statuer sur l'infraction qui lui est imputée.

235. — Nul homme en France ne doit être accusé, arrêté, détenu, traduit en jugement ni puni que dans les cas prévus par la loi, et selon les formes qu'elle prescrit.

236. — Nul ne peut être puni qu'en vertu d'une loi promulguée antérieurement au fait pour lequel il est poursuivi.

237. — La demeure de chaque citoyen est un asile inviolable : aucun citoyen ne peut s'y introduire sans son autorisation. Aucun magistrat même ne peut y pénétrer ni y faire de perquisitions que dans les cas et selon les formes expressément déterminés par la loi.

238. — Aucun écrit ne doit être soumis à une censure quelconque avant que son auteur puisse le faire imprimer et le publier.

239. — Tout citoyen peut publier un journal ou un autre écrit périodique sans être assujéti pour cette publication à l'impôt du timbre ou au dépôt d'un cautionnement.

240. — Les crimes et les délits commis par la voie de la presse, et tous les crimes et délits politiques commis par les simples citoyens sont justiciables du jury.

241. — Dans chaque commune, un des adjoints, dé-

légué à cet effet par le maire, statue, avec l'assistance du greffier de la municipalité, sur les contraventions de police commises dans la circonscription de la commune. Les délits forestiers, la mendicité sans menaces, l'habitude de l'ivrognerie, et en général les infractions dont la peine n'excède pas, au maximum, 20 fr. d'amende ou quinze jours de prison, seront classés parmi les contraventions de police. Le commissaire municipal de la république, ou un commissaire de police par lui délégué, remplira les fonctions du ministère public près du tribunal de police municipale.

242. — Six jurés réunis sous la présidence du juge du canton statuent sur les délits dont la peine, excédant 20 fr. d'amende ou quinze jours de prison, n'est ni afflictive ni infamante. Ces jurés statuent seuls sur le fait et sur les circonstances atténuantes ; leur décision se forme à la majorité des deux tiers au moins. Le juge du canton, après la déclaration affirmative du jury, prononce seul la peine, dans les limites établies par la loi.

243. — Le procureur cantonal de la république traduit directement les délinquants, sans instruction préalable, devant le jury du canton, et y soutient l'inculpation.

244. — Le juge du canton, sur la réquisition du procureur cantonal de la république, instruit les affaires dans lesquelles ce magistrat croit trouver prévention de crimes passibles de peines afflictives ou infamantes, et délivre les mandats d'arrestation provisoire. Les procédures ainsi instruites sont adressées par le procureur cantonal de la république au procureur départemental, qui en fait rapport à trois juges du tribunal départemental réunis en chambre du conseil, et dépose son réquisitoire écrit. Ce tribunal statue à la fois sur la prévention et sur la compétence.

245. — Les inculpés contre lesquels il a reconnu qu'il y a prévention suffisante de crime sont constitués en état de prise de corps et traduits directement devant la cour d'assises du département, par le procureur départemental de la République, qui rédige l'acte d'accusation.

246. — Il est formé à chaque trimestre, dans tout chef-lieu de département, une cour d'assises composée, pour le jugement de chaque cause, de douze jurés, de trois juges du tribunal de département, du procureur dépar-

temental ou d'un de ses substituts et d'un greffier. Un des juges préside la cour et dirige les débats. Le ministère public soutient l'accusation et requiert l'application de la loi. Le jury statue seul sur le fait et sur les circonstances atténuantes. Les décisions contre l'accusé se forment à la majorité des deux tiers au moins. Les trois juges prononcent l'absolution ou appliquent la peine dans les limites établies par la loi. Leurs décisions reçoivent le nom d'*arrêts*.

247. — Les décisions du jury favorables à l'inculpé ou à l'accusé ne sont susceptibles d'aucun recours. Les décisions du jury contraires à l'inculpé ou à l'accusé, les jugements et arrêts de condamnation, les jugements et arrêts d'absolution, et les jugements et arrêts sur des incidents de procédure peuvent donner lieu à un pourvoi en cassation, soit de la part de l'inculpé ou de l'accusé, soit de la part du ministère public, pour vices de formes dans la procédure, ou pour fausse application de la loi.

248. — En matière disciplinaire, et dans le cas d'accusation pour cause de forfaiture, les juges de canton ont pour juges les cours d'appel. Les juges de département et les juges des cours d'appel sont, dans les mêmes cas, justiciables de la cour de cassation. Tous les juges sont justiciables du jury pour crimes et délits du droit commun qui donneraient lieu à la traduction des simples citoyens devant cette juridiction.

249. — Les listes du jury pour les tribunaux cantonaux et pour les assises départementales sont formées annuellement, par les conseils généraux de département, selon des conditions établies dans la loi spéciale, de citoyens pris sur les listes des électeurs municipaux de tous les cantons de la circonscription. Les jurés sont tirés publiquement au sort, pour chaque session d'assises, par le président du tribunal du département assisté de deux juges, et pour chaque audience de police correctionnelle, par le juge de paix assisté de ses deux assesseurs.

§ IV. — De la haute cour nationale.

250. — Une haute cour de justice sera accidentellement formée au chef-lieu du gouvernement, pour statuer

sur les accusations admises par la chambre des députés contre un de ses membres, contre le président de la république, contre un ministre, contre un membre du sénat ou du conseil d'état, contre un préfet, contre un général en chef des armées de terre ou de mer de la république, contre un ministre plénipotentiaire près d'une nation étrangère, ou contre un membre de la cour de cassation ou de la cour des comptes, pour cause de trahison, concussion, détournement frauduleux des deniers de l'Etat, forfaiture ou abus de pouvoir.

251. — La haute cour nationale sera composée des présidents de tous les conseils généraux de la république, qui rempliront les fonctions de jurés, et de tous les présidents des cours d'appel, qui statueront sur l'application de la peine. Elle sera présidée par le président et à son défaut par un des vice-présidents de la cour de cassation, qui dirigera les débats. Un des membres de la chambre des représentants, délégué par elle, remplira les fonctions du ministère public. La décision du jury contre l'accusé ne pourra se former qu'aux deux tiers des voix. Les arrêts de la haute cour nationale ne seront susceptibles d'aucun recours.

SECTION IV.

Du culte public.

252. — Tout citoyen peut professer publiquement, seul ou en s'associant à d'autres citoyens, le culte que lui prescrit sa foi, pourvu qu'il n'offense ni la décence publique, ni la morale générale de l'humanité, et qu'il ne nuise en rien à l'exercice du culte des autres citoyens.

253. — Tous les citoyens reçoivent une égale protection pour leur culte.

254. — Tous les cultes sont indépendants de l'Etat. Il en surveille seulement l'exercice, et il défère aux tribunaux ordinaires les crimes, les délits ou les contraventions de police auxquels cet exercice pourrait donner lieu.

255. — Il n'est pourvu, sur les deniers de l'Etat, à l'entretien ni au traitement des ministres d'aucun culte public.

256. — Les frais des cultes publics et le traitement

de leurs ministres constituent soit une charge d'une association particulière dans l'Etat, soit une charge municipale,
soit une charge départementale, selon les circonstances.

257. Lorsque le conseil municipal d'une commune aura
reconnu qu'un culte est professé par un assez grand nombre
de familles de la commune pour qu'il doive être pourvu
sur les deniers communaux aux frais que nécessite l'exercice public de ce culte, les dépenses nécessaires pour son
entretien et pour le traitement de ses ministres formeront
un article obligatoire au budget des dépenses de la commune.
La décision du conseil municipal sur ce point aura effet
aussi long-temps qu'elle n'aura point été formellement rapportée, et elle ne pourra l'être avant vingt ans.

258. — Lorsque le conseil général d'un département
aura reconnu qu'un culte est publiquement professé, aux
frais des communes, dans un assez grand nombre de cantons du département, pour qu'il doive être pourvu, sur
des deniers départementaux, aux frais de l'administration
et du traitement des ministres de ce culte, dans une circonscription qui dépasse les limites d'une commune, les
dépenses nécessaires pour cette administration et le paiement du traitement des ministres dont les fonctions
s'exercent et dont la juridiction s'étend au-delà de ces
limites, formeront un article obligatoire au budget des
dépenses du département. La décision du conseil général sur ce point aura effet aussi long-temps qu'elle n'aura
point été formellement rapportée, et elle ne pourra l'être
avant vingt ans.

259. — Une loi spéciale fixera le maximum et le minimum du traitement que les communes ou les départements seront tenus d'allouer à chaque ministre retribué
sur les deniers communaux ou sur les deniers départementaux, et le maximum et le minimum du nombre des
ministres à rétribuer, eu égard au nombre des familles
qui pratiquent un culte public dans chaque commune et
dans chaque département.

260. — Indépendamment des cas où la contribution
aux frais d'entretien d'un culte public est obligatoire pour
une commune ou pour un département, les conseils
municipaux et les conseils généraux pourront toujours
accorder, sur les deniers municipaux ou sur les deniers
départementaux, des subventions aux associations parti-

culières qui se formeraient pour l'entretien d'un culte public en commun.

SECTION V.

De l'instruction publique.

261. — L'Etat doit l'instruction primaire à tous les citoyens. Il la donne gratuitement dans des écoles de deux degrés établies par lui, les unes dans chaque commune, les autres dans chaque chef-lieu de canton, en nombre égal aux besoins de la population.

262. — L'instruction primaire du premier degré est obligatoire pour tout enfant d'un citoyen français, lorsqu'il a atteint l'âge de huit ans; et tout père de famille qui ne justifie pas qu'il la donne lui-même ou qu'il la fait donner chez lui à ses enfants, ou qu'il les envoie la recevoir dans une école publique autorisée, est tenu de les envoyer à cet âge à l'école communale gratuite.

263 — L'Etat doit fonder et entretenir à ses frais, dans chaque chef-lieu de département, un établissement d'instruction secondaire, où les jeunes Français reçoivent cette instruction, moyennant une rétribution modérée et égale pour tous, mais où sont admis gratuitement ceux qui, dans les écoles primaires, ont fait preuve d'une aptitude extraordinaire pour l'étude des lettres ou pour l'étude des sciences, et dont les parents justifient ne pouvoir payer les frais de l'enseignement secondaire.

264. — Tout père de famille a le droit de donner lui-même ou de faire donner chez lui cet enseignement à ses enfants, par tout citoyen dont il aura fait choix.

265. — Tout citoyen jouissant de ses droits politiques, et dont le conseil municipal de la commune de son domicile attestera la moralité, aura le droit d'ouvrir une école publique primaire ou secondaire, et d'y enseigner, sous la surveillance de l'Etat, s'il a préalablement justifié, par des épreuves subies devant un jury dont la composition sera déterminée par une loi, qu'il possède l'instruction que cette loi a déclarée nécessaire pour diriger une école publique de chaque degré, ou pour y donner la partie de l'enseignement dont il déclare vouloir se charger.

266. — Les examens pour justification de la capacité

requise seront subis sans production obligatoire de certificats d'études dans les écoles de l'État. Il en sera de même des examens destinés à constater le degré d'instruction nécessaire pour l'admission dans les écoles d'enseignement supérieur, et dans certaines fonctions publiques.

267. — Toutes les écoles publiques sont soumises à la surveillance de l'État, qui peut les faire inspecter par des fonctionnaires délégués à cet effet par le ministre de l'instruction publique.

268. — L'État fondera et entretiendra à ses frais des écoles publiques d'enseignement supérieur.

269. — Les fonctionnaires des écoles publiques de l'État, les directeurs et les professeurs des écoles publiques privées seront justiciables, pour faits disciplinaires, d'un jury spécial dont la loi déterminera la composition.

TITRE III.

De la révision de la constitution,

270. — Aucune modification totale ou partielle de la constitution ne peut être faite que par une assemblée nationale constituante.

271. — Aucune proposition de révision de la constitution ne peut être admise avant dix ans depuis sa promulgation.

Cette proposition peut être faite, soit par le pouvoir exécutif, soit par un membre de l'une des deux chambres; mais elle ne peut conduire à la présentation d'un projet de modification de la constitution, si elle n'a d'abord été prise en considération par une des chambres, à la majorité absolue de ses membres, dans une de leurs sessions annuelles, puis admise successivement par chaque chambre, à la majorité des deux tiers de ses membres, dans leur session suivante.

272. — En cas de dissidence entre les deux chambres dans cette seconde épreuve, si la chambre des représentants admet définitivement la proposition, aux deux tiers de ses membres, dans une seconde session, cette décision

suffira pour motiver la présentation d'un projet de modification de la constitution.

273. — A l'issue de la session où la proposition a été définitivement admise, les deux chambres sont dissoutes, et l'assemblée nationale unique, qui devra statuer sur la modification proposée, sera immédiatement convoquée. Elle sera composée et élue comme l'avait été celle qui avait établi la constitution qu'il s'agira de modifier.

TITRE IV.

Sanction de la constitution.

274. — La défense et le maintien de la présente constitution, adoptée par l'assemblée nationale constituante, et publiée par insertion au bulletin officiel des lois, et par affiches dans toutes les communes de la république, sont confiés au patriotisme et au courage de tous les citoyens français.

Rennes, le 26 mai 1848.